Парамаханса Јогананда
(1893 - 1952)

КАКО ДА РАЗГОВАРАТЕ

БОГОМ

ПАРАМАХАНСА JОГАНАНДА

О ОВОЈ КЊИЗИ: *Како да разговарате с Богом* је компилација два говора која је Парамаханса Јогананда одржао 1944. године у храмовима друштва Self-Realization Fellowship које је основао у Сан Дијегу и Холивуду, у којима је обичавао да држи говоре сваке друге недеље. Често би, након што је говорио о одређеној теми у једном храму, идуће недеље држао говор у другом храму при чему би се надовезао на различите аспекте исте теме коју је претходне недеље представио. Током година његове говоре је стенографски записивала једна од његових најранијих и најближих ученица Шри Даја Мата (председница и духовни поглавар друштва Self-Realization Fellowship од 1955. године до своје смрти 2010. године). Књига *Како да разговарате с Богом* је први пут објављена 1957. године, а преведена је и на бројне језике.

Оригинални наслов на енглеском језику објавило је друштво
Self-Realization Fellowship, Лос Анђелес (Калифорнија):
How You Can Talk With God

ISBN: 978-0-87612-160-3

Превод на српски језик: Self-Realization Fellowship

Copyright © 2023 Self-Realization Fellowship

Сва права задржана. Осим кратких цитата у критичким освртима на књигу, ниједан део књиге *Како да разговарате с Богом (How You Can Talk With God)* не сме да се репродукује, чува, преноси, нити приказује ни у којем облику, као ни на било који начин (електронски, механички, нити било који други) који је досад познат или ће се тек измислити ¾ укључујући фотокопирање, снимање или било какав систем похрањивања и приступа информацијама ¾ без претходног писменог одобрења од друштва Self-Realization Fellowship, 3880 San Rafael Avenue, Los Angeles, California 90065-3219, САД.

 Одобрио Међународни издавачки одбор друштва
Self-Realization Fellowship

Име друштва Self-Realization Fellowship и његов амблем (приказан горе) појављују се на свим књигама, аудио, видео и осталим издањима SRF-а, чиме читаоцу гарантују да је ово дело потекло од стране друштва које је основао Парамаханса Јогананда и да као такво верно преноси његова учења.

Прво издање на српском, 2023.
First edition in Serbian, 2023
Ово издање, 2023.
This printing, 2023

ISBN: 978-1-68568-182-1

1300-J08120

Слава Божја је огромна. Он је стваран, и може да се нађе... Тихо и сигурно, док корачате стазом живота, морате да дођете до сазнања да је Бог једина сврха, једини циљ који ће вас испунити; јер у Богу лежи одговор на сваку жељу срца.

—Парамаханса Јогананда

КАКО ДА РАЗГОВАРАТЕ С БОГОМ

Изводи из предавања Парамахансе Јогананде одржаних *19. и 26. марта 1944. године*

Разговор с Богом је дефинитивна чињеница. У Индији сам био у присуству светаца док су разговарали с Небеским Оцем. И сви ви такође можете да комуницирате с Њим; не да водите једнострану конверзацију, већ прави разговор при којем се ви обраћате Богу, а Он одговара. Наравно, свако може да прича Богу. Али данас говорим о томе како да Га убедимо да нам одговори.

Чему сумња? Светски свети списи обилују описима разговора између Бога и човека. Један од најлепших примера записан је у 1. књизи о царевима 3:5–13 у Библији: „И јави се Господ Соломуну у Гаваону ноћу у сну, и рече Бог: Ишти шта хоћеш да ти дам. А Соломун рече: …Дај дакле слузи свом срце разумно… И рече му Бог: Кад то иштеш, а не иштеш дуг живот нити иштеш благо нити иштеш душе непријатеља својих него иштеш разум да умеш судити; ево учиних по твојим речима; ево ти дајем срце мудро и разумно… А сврх тога дајем ти и шта ниси искао, и благо и славу…"

Давид је такође пуно пута разговарао с Господом и дискутовао с Њим чак и о световним стварима. „Тада Давид упита Господа говорећи: Хоћу ли изаћи на Филистеје? И хоћеш ли их дати у моје руке? А

Парамаханса Јогананда

Господ му рече: Изађи, и даћу их у твоје руке."[1]

Бога може дирнути једино љубав

Просечан човек се моли Богу само умом, а не свим жаром срца свог. Такве молитве су преслабе да уроде икаквим одговором. Божанском Духу треба да се обраћамо с пуно поуздања и осећајем блискости, као што причамо с оцем или мајком. Наш однос према Богу треба да буде однос безусловне љубави. Сасвим природно и с пуним правом, и то више него у било ком другом односу, можемо да тражимо

---

1 1. књига Дневника, 14:10.

одговор од Духа у Његовом аспекту Божанске Мајке. Бог је приморан да одговори на такав захтев, јер је суштина мајке љубав и опраштање свом детету, ма колико оно било велики грешник. Однос између мајке и детета је најлепши облик људске љубави који нам је Господ дао.

Дефинитивна концепција Бога (као што је нпр. Концепција Божанске Мајке) је неопходна; у противном, не добијамо јасан одговор. И захтев за одговором од Господа треба да буде јак; половична молитва није довољна. Ако одлучно кажете себи: „Он хоће да разговара са мном" и ако одбијете да мислите другачије, без обзира на то колико година вам није одговарао, ако верујете у Њега, једног дана Он ће вам заиста одговорити.

Писао сам у Аутобиографији једног јогија о неким од бројних прилика у којима сам разговарао с Богом. По први пут сам чуо Божански Глас још док сам био дете. Док сам једног јутра седео на кревету, бех дубоко задубљен у мисао.

„Шта се крије иза таме затворених очију?" Ово ми се питање снажно јавило у мислима. Одједном ми се огроман светлосни бљесак указао у унутрашњем оку. Божански ликови светаца како седе медитирајући у планинским пећинама формирали су се попут минијатурног филма на великом сјајном екрану иза мог чела.

„Ко сте ви?" гласно сам изговорио.

„Ми смо химлајски јогији." Небески одговор тешко је описати; моје срце било је усхићено. Визија је нестала, али су се сребрнкасти зраци претворили у кругове који су се ширили у бесконачност. Упитах: „Какав је ово чудесан сјај?" „Ја сам Ишвара (Господ). Ја сам Светло." Тај Глас је наликовао шапату облака.

Моја мајка и моја најстарија сестра Рома нашле су се у близини кад сам имао то рано искуство, тако да су и оне чуле Божански Глас. Божји одговор ме је обасуо таквом срећом да сам у том тренутку баш тада и тамо одлучио да Га тражим све док потпуно не постанем једно с Њим.

Већина људи мисли да се иза затворених очију крије само тама. Али, како будете духовно напредовали и концентрисали се на „једно" око на челу, схватићете да вам се отвара унутрашња визија. Видећете неки други свет, једно од многих светала и огромну лепоту. Имаћете визије светаца, попут оне визије хималајских јогија коју сам ја имао. Ако ваша концентрација постане још дубља, и ви ћете чути Глас Божји.

Свети списи нам опет и изнова говоре о Господовом обећању да ће Он да разговара с нама. „И тражићете ме, и наћи ћете ме, кад ме потражите свим срцем својим."— Јеремија 29:13. „Господ је с вама, јер сте ви с Њим; и ако Га устражите, наћи ћете Га; ако ли Га оставите, и Он ће вас оставити."— 2. Дневника 15:2. „Ево стојим на вратима и куцам: ако ко чује глас мој и отвори врата, ући ћу к њему и вечераћу с њиме, и он са мном."— Откривење 3:20.

Кад бисте само једном „ломили хлеб" с Господом и прекинули Његову тишину, Он би често с вама разговарао. Али у почетку је јако тешко; није лако спријатељити се с Богом, јер Он жели да буде сигуран да заиста желите да Га спознате. Бог вас тестира да би видео да ли поклоник жели Њега или нешто друго. Он неће разговарати с вама док Га не уверите да се у вашем срцу не крије ниједна друга жеља. Зашто би вам Он себе открио ако је ваше срце испуњено само чежњом за Његовим поклонима?

Човекова љубав је његов једини поклон Богу

Читава креација је осмишљена да буде тест за човека. Нашим понашањем у овом свету откривамо да ли желимо Господа или Његове поклоне. Бог вам неће рећи да треба да желите Њега више од ичег другог, јер Он жели да Му својевољно дате своју љубав, без „подстицања." У томе лежи цела тајна игре овог универзума. Он који нас је створио, тежи за нашом љубављу. Жели да Му је дамо спонтано, без да је Он тражи. Наша љубав је једина ствар коју Бог нема, осим ако Му је ми не дамо. Ето видите, чак и Господ има нешто што треба да стекне: нашу љубав. А ми никад нећемо бити срећни док Му је не дамо. Докле год смо непослушна деца, пигмеји који пузе по овој земаљској кугли и плачемо за Његовим поклонима док игноришемо Њега, Даваоца, упадамо у многе јаме невоља.

Будући да је Бог суштина нашег бића, не можемо да постигнемо истинску експресију себе све док не научимо да манифестујемо

Његову присутност у нама. То је истина. Баш зато што смо, као део Њега, и ми сами божански, не можемо да нађемо трајно задовољство ни у чему што је материјално. „Ништа те не заштићује, ти који не желиш заштитити Мене."[2] Док не постигнеш задовољство у Богу, нећеш наћи задовољство ни у чему другом.

Да ли је Бог персоналан или имперсоналан?

Да ли је Бог персоналан или имперсоналан? Мало расправе о овом питању помоћи ће вам у вашем настојању да разговарате с Њим. Пуно људи не воли да размишља

---

2 Френсис Томсон: „*The Hound of Heaven*"

о Богу као персоналном; осећају да је антропоморфна концепција ограничавајућа. Сматрају Га Имперсоналним Духом, Свемогућом, Интелигентном Снагом која је одговорна за универзум.

Али ако је наш Стваралац имперсоналан, како је онда Он створио људска бића? Ми смо персонални; поседујемо индивидуалност . Мислимо, осећамо, имамо жеље; Бог нам је дао не само моћ да уважавамо мисли и осећаје других, него и да реагујемо на њих. Господ дефинитивно није лишен духа реципрочности који анимира Његова властита створења. Када то дозволимо, наш Небески Отац може и хоће да успостави персоналан однос са сваким од нас.

Кад размишљамо о имперсоналном аспекту Бога, имамо утисак да је Он неко удаљено биће, неко ко само прима молитве и мисли које Му нудимо, без да одговара на њих; неко ко зна све, али остаје у безосећајној тишини. Али то је филозофска грешка јер је Бог обоје: персоналан, као и имперсоналан. Створио је људе, људска бића. Њихов Творац не би могао да буде у потпуности имперсоналан.

Дубока потреба у нашим срцима је задовољена кад помислимо да Бог може да преузме људски облик и дође да разговара с нама. Зашто не уради то за сваког? Многи свеци су чули Божји глас. Зашто ви не можете? „Ти си, Господе, невидљив, имперсоналан, непознат и неспознатљив; али верујем да мразом моје преданости можеш бити 'стегнут' у облик." Својом јаком преданошћу можете да наговорите Бога да преузме персоналан облик. Ви можете, баш као што су и Св. Фрања Асишки и други велики свеци, видети живо тело Христово ако се довољно дубоко молите. Исус је био персонална манифестација Бога. Онај који познаје Браму (Бога) је и сам Брама. Зар није Исус рекао: „Ја и Отац смо једно"[3]? И Свами Шанкара је рекао: „Ја сам Дух" и „Ти си то." Многи велики пророци су рекли да су сви људи створени по слици Божијој.

Већину онога што знам добио сам од Бога, а не из књига. Ретко читам. Говорим вам оно што сам директно перципирао. Зато говорим с ауторитетом, и то ауторитетом моје директне перцепције Истине. Цео свет може да буде против тога, али

---

3 Јован 10:30.

ауторитет директне перцепције ће на крају увек бити прихваћен.

Значење „слике Божје"

У Библији пише: „Јер је Бог по свом обличју створио човека."[4] Нико није у потпуности објаснио на који начин је човек слика Божја. Бог је Дух; и човек је, у свом суштинском бићу, такође Дух. То је примарно значење библијског одломка, али постоје и бројна друга тачна тумачења.

Цело људско тело, свест и кретање у њему су микроскопске репрезентације Бога. У свести су свезнање и свеприсутност. Можете одмах да замислите да сте на Северњачи или

---

4 1. Мојсијева 9:6.

на Марсу. У мислима не постоји раскорак између вас и ичег другог. Према томе, захваљујући свести у човеку, може се рећи да је човек створен по слици Божијој.

Свест је свесна саме себе; интуитивно осећа саму себе. Бог је, преко Своје космичке свести, свестан Себе у сваком атому креације. „Не продају ли се два врапца за један динар? Па ни један од њих не може пасти на земљу без [свести] оца вашег."[5]

Човек такође поседује уређену моћ космичке свести, иако је само неколицина развије. Човек има и вољу помоћу које, као његов Стваралац, може у тренутку да створи светове; али само неколицина развије ту моћ која је у њима. Животиње не могу да резонују,

---

5 Матеј 10:29.

али човек може. Све атрибуте које Бог поседује — свест, разум, вољу, осећаје, љубав — поседује и човек. По тим особинама може се рећи да је човек створен по слици Божијој.

Физичко тело није материја, већ енергија

Енергија коју осећамо у телу подразумева постојање веће моћи од оне која је потребна да се управља индивидуалним физичким возилом. Моћ космичке енергије која одржава универзуме вибрира и у нашим телима. Космичка енергија је један аспект Бога. Према томе, створени смо по слици Његовој чак и са физичког становишта.

Шта је енергија коју имамо у телу?

Наше физичко тело састоји се од молекула, молекули се састоје од атома, атоми од електрона, а електрони од животне силе или „животрона"— безбројних милијарди честица енергије. Помоћу спиритуалног ока можете да видите тело као масу светлећих честица светлости — енергију која избија из ваших двадесет и седам хиљада милијарди ћелија. Управо због илузије видите тело као чврсто месо. У стварности оно није материја, већ енергија.

Баш зато што мислите да сте направљени од крви и меса, понекад замишљате да сте слабић. Али ако региструјете свест Бога у вашем телу, схватићете да месо није ништа друго него физичка манифестација пет вибраторних елемената земље, воде, ватре, ваздуха и етера.

Пет универзалних елемената чине човеково тело

Цео универзум — који је Божје тело — је направљен од истих пет елемената које чине човеково тело. Звездолики облик људског тела представља зраке ових пет елемената. Глава, две руке и два стопала чине пет врхова звезде. И на овај начин смо створени по слици Божијој.

Пет прстију такође представља пет вибраторних елемената космичке интелигентне вибрације који одржавају структуру креације. Палац представља најгрубљи вибраторни елемент, земљу, и зато је најдебљи. Кажипрст представља водени елемент. Средњи прст представља стреловит ватрени елемент и зато је најдужи. Домали прст представља ваздух. Мали прст представља етер, који је веома суптилан.

Трљање сваког прста анимира одређену моћ коју представља. Тако трљање средњег прста (који представља елемент ватре) и пупка (насупрот лумбалног или „ватреног" центра у кичми, који управља пробавом и асимилацијом) помаже да се превазиђу проблеми с пробавом.

Бог манифестује кретање у креацији. Човек је развио ноге и стопала из порива за изражавањем кретања. Прсти на ногама су материјализације пет зрака енергије.

Очи су оличење Бога Оца, Сина и Духа Светог у зеници, шареници и беоњачи. Кад се концентришете на тачку између обрва, струја у физичким очима се одражава као једно светло и видите духовно око. Ово једно око је „око Божје." Развили смо два ока због закона релативности који превладава у нашем дуалистичном универзуму. Исус је рекао: „Ако дакле буде око твоје здраво, све ће тело твоје светло бити."[6] Ако гледамо кроз духовно око, једно око Божје, перципираћемо да је сва креација направљена од једне супстанције, Његовог светла.

Јединство с Богом, Јединство с Божјом моћи

У највишем смислу човек поседује сву моћ. Кад је ваша свест уједињена с Божјом, можете да промените шта год пожелите. Делови аутомобила могу да се замене или

---

[6] Матеј 6:22.

промене, према потреби; али пуно је компликованије да се слична промена деси у физичком телу. Ум, који контролише све ћелије, је основни фактор. Кад човек постигне пуну контролу над умом, његове ћелије и делови тела могу да се замене или промене колико год пута пожелите, и то вољом. На пример, човек може, пуком мишљу, да изазове промену атома тела и да доведе у постојање цео нови низ зуба. Кад је особа духовно напредна, постоји потпуна контрола над материјом.

Господ је Дух; имперсонално је невидљиво. Али кад је Он створио физички свет, постао је Бог Отац. Чим је преузео улогу Створаоца, постао је персоналан. Постао је видљив – цео овај универзум је тело Бога.

Кад је земља у питању, Он има позитивну и негативну страну — северни и јужни пол. Звезде су Његове очи, трава и дрвеће су Његова коса, а реке су Његов крвоток. Брујање океана, пој пољске шеве, плач новорођенчета, као и сви други звукови креације су Његов глас. То је персонални Бог. Жила куцавица иза свих срца је Његова пулсирајућа космичка енергија. Он хода кроз двадесет и шест стотина милиона пари ногу овог човечанства. Он ради кроз све руке. Он је једна божанска свест која се манифестује кроз све мозгове.

Због Божјег закона привлачности и одбијања, ћелије људског тела су хармонично на окупу на исти начин на који звезде балансирају у својим орбитама. Свеприсутни Господ је увек активан; нигде не постоји место без неког облика живота. Неограниченом расипношћу Бог непрекидно пројектује променљиве форме — неисцрпне манифестације Његове космичке енергије.

Божански Дух је у уму имао одређену идеју или образац кад је стварао. Прво је екстернализовао цео универзум, а затим створио човека. Док је за Себе формирао физичко тело од планетарних система, Бог је манифестовао три аспекта: космичку свест, космичку енергију и космичку масу или материју.

Ово троје одговара човековом идеацијском или каузалном телу, астралном или енергетском телу, као и физичком телу. А душа или Живот иза њих је Дух.

Дух се манифестује макрокосмички као космичка свест, космичка енергија и тело универзума; а микрокосмички као људска свест, људска енергија и људско тело. Поново видимо да је човек заиста створен по слици Божијој.

Бог „прича" кроз вибрације

Бог *нам* се *заиста* јавља у физичком облику. Он је персоналнији него што можете да замислите. Он је стваран и прави као што сте и ви. Управо то желим да вам кажем данас. Господ нам увек одговара. Вибрација Његове мисли константно се шаље, што захтева енергију, а енергија се манифестује као звук. Овде лежи врло јак аргумент. Бог је свест. Бог је енергија. „Причање" је вибрирање. У вибрацији Његове космичке енергије Он све време

Аутор: Џаганат *(Калијана-Калпатару)*

БОЖАНСКА МАЈКА

Бог у аспекту Божанске Мајке представља се у хиндуистичкој уметности као жена са четири руке. Једна рука је подигнута, у знак универзалног благослова; у преосталим трима рукама држи бројанице, што представља преданост; странице светих списа, које симболизују учење и мудрост; и теглу свете водице, што представља прочишћење.

прича. Постао је Мајка креације која се материјализује као чврста тела, течности, ватра, ваздух и етар.

Невидљива Мајка непрестано се изражава у терминима видљивих форми — у цвећу, планинама, морима и звездама. Шта је материја? Ништа друго осим одређена брзина вибрације Божје космичке енергије. Ниједан облик у универзуму није заиста чврст. Оно што се таквим чини је само компактна или груба вибрација Његове енергије. Господ прича с нама кроз вибрације. Али питање је, како директно комуницирати с Њим? То је најтеже постигнуће од свих: разговарати с Богом.

Ако разговарате с планином, она не одговара. Разговарајте са цвећем, као што је Лутер Бурбанк радио, и можда ћете осетити у њима неки мали одговор. И наравно, можемо да разговарамо с другим људима. Али да ли се Бог мање одазива од цвећа и људских бића, кад нас пушта да разговарамо с Њим а да нам не одговара? Тако изгледа, зар не? Проблем није у Њему, него у нама. Наш интуитивни телефонски систем не функционише. Бог нас зове и прича нам, али ми Га не чујемо.

Космичка вибрација „говори" све језике

Али свеци Га чују. Кад год би се неки велики учитељ којег сам познавао молио, Бог би одговорио гласом који као да је долазио с неба. Богу не треба грло да би говорио. Ако се молите довољно снажно, те вибрације молитве одмах ће изродити вибраторним одговором и манифестоваће се на оном језику на којем сте навикли да чујете. Ако се молите на немачком, чућете одговор на немачком. Ако разговарате на енглеском, чућете одговор на енглеском.

Вибрације различитих језика имају порекло у космичкој вибрацији. Бог, који је космичка вибрација, зна све језике. Шта је језик? Одређена вибрација. Шта је вибрација? Одређена енергија. А шта је енергија? Одређена мисао.

Иако Бог чује све наше молитве, Он не одговара увек. То је као она ситуација кад дете зове мајку, али мајка мисли да није неопходно да дође. Пружи детету играчку да га ућути. Али кад дете одбије да буде утешено ичим што није мајчина присутност, она дође. Ако желите да спознате Бога, морате да будете попут непослушне бебе која плаче све док мајка не дође.

Ако чврсто одлучите да никад не престанете да плачете за Њом, Божанска Мајка ће разговарати с Вама. Без обзира на то колико је заузета кућним пословима стварања, ако устрајете у томе, она ће морати да одговори. Хиндуистички свети списи нам говоре да ће, ако поклоник интензивно и предано разговара с Богом цео један дан и целу једну ноћ без престанка, Он одговорити. Али колико мало људи ће то урадити! Сваки дан имате „важна посла"— „ђаво" који вас удаљава од Бога. Господ неће доћи ако кажете само кратку молитву, а онда почнете да размишљате о нечем другом; или ако размишљате на овај начин: „Небески Оче, зовем Те, али ужасно ми се спава. Амин." Св. Павле је рекао: „Молите се Богу без престанка."⁷

Стрпљиви Јов је водио дугачке разговоре с Богом. Јов Му је рекао: „Слушај кад узговорим, и кад запитам, кажи ми. Ушима слушах о Теби, а сада Те око моје види."⁸

Када заљубљеник механички протестује због своје привржености, његова драга зна да му речи нису искрене; она „чује" шта је стварно у његовом срцу. Слично томе, кад се Божји поклоници моле Богу, Он зна да ли су њихова срца и умови суви и без преданости и да ли њихове мисли непромишљено јуре посвуда; Он не одговара на половичне

---

7 1. Солуњанима 5:17.
8 Јов 42:4 – 5.

позиве. Али оним поклоницима који Му се максималним интензитетом моле цео дан и ноћ и разговарају с Њим, Он се јави. Таквим поклоницима долази без изузетка.

Немојте да будете задовољни ичим мањим од највишег

Немојте да губите време тражећи мале ствари. Наравно да је лакше добити друге поклоне од Бога него највиши поклон – Њега. Али немојте да будете задовољни ичим мањим од највишег. Мени није било стало до поклона који су ми дошли од Бога, осим да видим, иза њих, Њега који је Давалац свих поклона. Зашто се све моје жеље материјализују? Зато што идем дубоко; ја идем равно до Бога. У сваком аспекту креације видим Њега. Он је наш Отац; Он је ближи од најближег, дражи од најдражег, стварнији од икога. Он је и неспознатљив и спознатљив.

Бог плаче за вама. Он жели да Му се вратите. То је ваше право по рођењу. Једног дана ћете морати да напустите ову Земљу, јер то није место где треба да живите. Живот на Земљи је само школа у коју нас је Он ставио да би видео како ћемо се понашати овде и то је све. Пре него што вам Се укаже, Бог жели да зна да ли желимо привремену земаљску славу или смо стекли довољно мудрости да кажемо:

„Готов сам са свим овим, Господе. Желим да разговарам само с тобом. Знам да си Ти све што заиста имам. Ти ћеш бити са мном кад све остало оде."

Људи траже срећу у браку, новцу, вину, и тако даље; али такви људи су марионете у рукама судбине. Чим се дође до те спознаје, особа открије праву сврху живота и природно почне да тражи Бога.

Морамо потраживати наше изгубљено божанско наслеђе. Што смо више несебични, више покушавамо да пружимо срећу другима и вероватније је да ћемо мислити на Бога. А што више будемо мислили на световне циљеве и људске жеље, све више ће нам одмицати срећа душе. Нисмо стављени овде на Земљу да пузимо по блату осетила и да нас на сваком кораку грицка патња. Оно што је световно је зло јер потискује блаженство душе. Највећа срећа долази кад уроните ум у мисли о Богу.

Зашто одлагати срећу?

Зашто не бисте размишљали унапред? Зашто сматрате небитне ствари тако важнима? Већина људи је усмерена на доручак, ручак и вечеру, посао, друштвене активности и слично. Олакшајте себи живот и усмерите сав свој ум на Господа. Земља је место где се спремамо да се вратимо Богу. Он жели да види да ли Га волимо више од Његових поклона. Он је Отац, а сви ми смо Његова деца. Он има право на нашу љубав и ми имамо право на Његову љубав. Наше невоље се јављају кад Га занемаримо. Али Он увек чека.

Само бих волео да нам је свима Бог дао мало више разума. Имамо слободу да одбацимо Бога или да Га прихватимо. А ми просимо, просимо, просимо за мало новца, мало среће, мало љубави. Зашто тражити ствари које ће једног дана морати да нам се одузму? Колико дуго ћете оплакивати новац и болест и потешкоће? Постигните бесмртност и краљевство Божје! То је оно што заиста желите.

Божанско краљевство је у питању

Свеци наглашавају невезаност како нас један снажан аспект материјалне везаности не би спречио да достигнемо читаво краљевство Божје. Одрицање не значи одустајање од свега, већ значи одрицање од малих задовољстава ради вечног блаженства. Бог разговара с вама док радите за Њега, а ви бисте требали константно да причате с Њим. Поделите с Њим сваку мисао која вам се јави у уму. Кажите Му: „Господе, укажи се, укажи се." Немојте сматрати тишину одговором. Он ће прво одговорити тако што ће вам дати нешто што сте хтели и тиме вам показати да имате Његову пажњу. Али немојте да се задовољите Његовим поклонима. Дајте Му на знање да нећете бити задовољни док Га не будете имали. И напослетку ће вам одговорити. Можда ћете у визији видети лице неког свеца, или чути божански глас како разговара с вама, и знаћете да сте у заједништву с Богом.

Потребан је константан, беспрекидан жар да бисте наговорили Бога да вам да Себе. Нико не може да вам да тај жар. То морате сами да развијете. „Можете да одведете коња до воде, али га не можете натерати да пије." Али кад је коњ жедан, жарко тражи воду. Дакле, кад сте изузетно жедни божанског, кад не придајете претерану важност ичем другом— искушењима света или искушењима тела— онда ће Он доћи. Запамтите, кад је зов вашег срца снажан, кад не прихватате изговоре, онда ће доћи.

Морате да избаците из главе сваку сумњу да ће вам Бог одговорити. Већина људи не добије никакав одговор због њиховог неверовања. Ако сте апсолутно одлучни у томе да ћете постићи нешто, ништа вас неће моћи зауставити. Тек кад одустанете, пишете пресуду против себе. Успешан човек не познаје реч „немогуће".

Вера је неограничена Божја моћ у вама. Бог преко своје свести зна да је створио све; значи, вера је знање и уверење да смо створени по слици Божијој. Кад смо усклађени с Његовом свешћу у нама, можемо да стварамо светове. Запамтите, у вашој вољи лежи свемогућа моћ Божја. Кад наиђе низ тешкоћа, а ви упркос томе одбијете да одустанете; кад ум постане „фиксиран," тада ћете схватити да вам Бог одговара.

Бог, који је космичка вибрација, је Реч. Бог као Реч зуји у свим атомима. Поклоници који дубоко медитирају могу да чују музику која долази из универзума. Управо сада, у овом тренутку, чујем Његов глас. Космички Звук[9] који чујете у медитацији је глас Бога. Тај звук се формира у језик који вам је препознатљив. Кад слушам Ом

---

9 Ом, свесна, интелигентна, космичка вибрација или Свети Дух.

и повремено питам Бога да ми нешто каже, тај звук Ома се промени у енглески или бенгалски језик и да ми прецизна упутства.

Бог такође прича човеку кроз његову интуицију. Ако научите како да слушате[10] Космичку Вибрацију, лакше ћете чути Његов глас. Али чак иако се само молите Богу кроз космички етар, ако је ваша воља довољно јака, етар ће одговорити Својим гласом. Он увек прича с вама и каже вам:

„Зови Ме, разговарај са Мном из дубина свога срца, из сржи свог бића, из самих дубина своје душе, упорно, величанствено, одлучно, са чврстом одлуком у свом срцу да ћеш наставити да Ме тражиш, без обзира на то колико пута не одговорим. Ако

---

10 Помоћу одређене древне технике која се подучава у Лекцијама *Self-Realization Fellowship Lessons*.

Ми непрестано шапућеш у свом срцу: 'О мој тихи Вољени, разговарај са мном,' ја ћу ти, мој поклониче, доћи."

Једном кад добијете такав одговор, никад се више нећете осећати одвојеним од Њега. То Божанско искуство ће увек остати с вама. Али то „једном" је тешко постићи јер срце и ум нису уверени; сумња се прикраде услед наших пријашњих материјалистичких веровања.

Бог одговара на шапате срца искрених поклоника

Бог ће одговорити сваком људском бићу, без обзира на припадност друштвеном слоју, религији или боји коже. На бенгалском језику постоји изрека да ако ваша душа позове Бога као Универзалну Мајку, Она неће моћи да остане у тишини, мораће да проговори. Предивно, зар не?

Помислите на све ствари које су ми данас дошле и које сам вам рекао. Никад више не бисте требали да сумњате у то да ће вам Бог одговорити, ако сте константни и упорни у вашим захтевима. „И Господ говораше с Мојсијем лицем к лицу као што говори човек с пријатељем својим."[11]

---

11 2. Мојсијева 33:11.

О аутору

„Идеал љубави према Богу и служења човечанству нашао је пуни израз у животу Парамахансе Јогананде... Иако је већи део свог живота провео изван Индије, он и даље заузима своје место међу нашим великим свецима. Његово дело и даље расте и сија све јаче, привлачећи људе посвуда на пут ходочашћа Духа."

—из почасти коју је Влада Индије одала приликом издавања пригодне поштанске маркице у част Парамахансе Јогананде поводом двадесет пете годишњице његове смрти

Парамаханса Јогананда се родио 5. јануара 1893. године у Индији и посветио је свој живот помагању људима свих раса и вероисповести да спознају и потпуније изразе у својим животима лепоту, узвишеност и истинску божанскост људског духа.

Након што је дипломирао на универзитету у Калкути 1915. године, Шри Јогананда се формално заветовао као монах индијског почасног монашког реда свамија. Две године касније, започео је животно дело оснивањем школа „како живети" — које су се од тада прошириле на двадесет једну образовну институцију широм Индије — где се традиционални академски предмети нуде заједно с наставом јоге и наставом о духовним идеалима. Године 1920. био је позван да учествује као делегат Индије на интернационалном конгресу религијских либерала у Бостону. Његово обраћање конгресу и предавање које је уследило на источној обали ентузијастично су примљени, а 1924. године упутио се на крос-континенталну турнеју приликом које је држао говоре.

Током следеће три декаде Парамаханса Јогананда је на многе далекосежне начине допринео уздизању свести и уважавању источњачке духовне мудрости на Западу. У Лос Анђелесу је основао интернационално седиште друштва Self-Realization Fellowship[1] — несекташког религиозног друштва које је основао 1920. године. Кроз своја писана дела, обимне турнеје на којима је држао предавања и преко оснивања бројних храмова и медитацијских центара друштва Self-Realization Fellowship, представио је древну науку и филозофију јоге и њене универзално применљиве методе медитације хиљадама трагалаца истине.

---

1 Буквално „Друштво за Самоспознају". Парамаханса Јогананда је објаснио да име Self-Realization Fellowship означава „Заједништво са Богом кроз спознају самог Себе и пријатељство са свим душама које трагају за истином". Погледајте и Речник, као и „Циљеве и идеале друштва Self-Realization Fellowship".

Данас се духовни и хуманитарни рад којег је започео Парамаханса Јогананда наставља под вођством Брата Ћидананде, председника друштва Self-Realization Fellowship/Yogoda Satsanga Society of India. Осим издавања његових књига, предавања и неформалних говора (укључујући свеобухватну серију лекција за проучавање код куће), друштво такође надгледа храмове, центре за духовну обнову и медитацијске центре широм света; монашке заједнице реда Самоспознаје и Светски молитвени круг.

У чланку о животу и раду Шри Јогананде др Квинси Хоу млађи, професор древних језика на колецу Скрипс, је написао: „Парамаханса Јогананда је на Запад донео не само индијско вечно обећање о Богоспознаји, већ и практичне методе помоћу којих духовни трагаоци из свих друштвених слојева могу брзо да напредују према том циљу. У почетку цењена на Западу само на највишем и апстрактном нивоу, духовна оставштина Индије је сада приступачна као пракса и искуство свима који теже спознавању Бога, не на оном свету, него овде и сада јер је Јогананда учинио доступним све највише методе контемплације."

Живот и учења Парамахансе Јогананде описани су у његовој *Аутобиографији једног јогија*. Награђивани документарни филм о животу и раду Парамахансе Јогананде под насловом *Awake: The Life of Yogananda* изашао је у октобру 2014. године.

ЦИЉЕВИ И ИДЕАЛИ ДРУШТВА
Self-Realization Fellowship

онако како су их йосшавили Парамаханса Јоїананда, оснивач
Брат Ћидананда, председник

Да се међу народима прошири знање јасно дефинисаних научних метода за постизање директног личног искуства Бога.

Да се поучи да је сврха живота еволуција, путем самонапора, од човекове ограничене смртне свести до Богосвести, и да се у складу са тим по целом свету оснују храмови друштва Self-Realization Fellowship у намени заједништва са Богом, и да се подстакне оснивање индивидуалних божјих храмова у домовима и у срцима људи.

Да се открије целокупна хармонија и темељно јединство исконског хришћанства, како га је поучавао Исус Христ, и оригиналне јоге онако како ју је подучавао Багаван Кришна, те да се покаже да су ови принципи истине заједничка научна основа свих истинских религија.

Да се укаже на један божански аутопут којим све стазе истинских религијских веровања коначно воде: аутопут свакодневне, научне, посвећеничке медитације на Бога.

Да се човек ослободи од троструке патње: физичке болести, менталне неуравнотежености и духовног незнања.

Да се подстакне „једноставно живљење и високо размишљање", и да се прошири дух братства међу свим народима подучавањем вечних темеља њиховог јединства: сродства са Богом.

Да се покаже супериорност ума над телом, и душе над умом.

Да се превлада зло добрим, жалост

радошћу, насиље љубазношћу, незнање мудрошћу.

Да се обједине наука и религија путем спознаје јединства њихових темељних принципа.

Да се заговара културно и духовно разумевање између Истока и Запада, и да се размене њихове најтананије јединствене особине.

Да се служи човечанству као вишем Јаству.

ЛЕКЦИЈЕ ДРУШТВА
Self-Realization Fellowship

*Лично вођство и упутства
Парамахансе Јогананде о учењима јоге,
медитације и начелима духовног живљења*

Ако су вас заинтригирала духовна учења Парамахансе Јогананде, позивамо вас да се претплатите на лекције *Self-Realization Fellowship Lessons*.

Парамаханса Јогананда је осмислио овај комплет лекција за учење код куће како би искреним трагаоцима пружио прилику да науче и практикују древне технике јоге и медитације које је донео на Запад – укључујући науку *Крија јоге*. Те лекције (*Lessons*) такође представљају његово практично вођство за постизање уравнотеженог физичког, менталног и духовног благостања.

Лекције *Self-Realization Fellowship Lessons* су доступне по цени која покрива трошкове штампања и слања поштом. Монаси и монахиње друштва Self-Realization Fellowship пружају свим ученицима бесплатне услуге саветовања о њиховој личној пракси.

За додатне информације...

Посетите страницу www.srflessons.org и затражите свеобухватни бесплатни информациони пакет о *Лекцијама*.

Књиге на Српском језику које је написао Парамаханса Јогананда

Доступне у књижарама или директно од издавача:
Self-Realization Fellowship
3880 San Rafael Avenue • Los Angeles, California
90065-3219
тел. +1 (323) 225-2471 • *факс:* +1 (323) 225-5088
www.srfbooks.org

Аутобиографија једног јогија

Како да разговарате с Богом

Књиге на енглеском које је написао Парамаханса Јогананда

Autobiography of a Yogi

God Talks With Arjuna: The Bhagavad Gita
— A New Translation and Commentary

The Second Coming of Christ:
The Resurrection of the Christ Within You
— A Revelatory Commentary on the Original Teachings of Jesus

The Yoga of the Bhagavad Gita

The Yoga of Jesus

<u>*The Collected Talks and Essays*</u>
Volume I: **Man's Eternal Quest**
Volume II: **The Divine Romance**
Volume III: **Journey to Self-realization**

Wine of the Mystic:
The Rubaiyat *of Omar Khayyam*
—A Spiritual Interpretation

Songs of the Soul

Whispers from Eternity

Scientific Healing Affirmations

In the Sanctuary of the Soul
—A Guide to Effective Prayer

The Science of Religion

Metaphysical Meditations

Where There Is Light
—Insight and Inspiration for Meeting Life's Challenges

Sayings of Paramahansa Yogananda

Inner Peace
—How to Be Calmly Active and Actively Calm

Living Fearlessly
—Bringing Out Your Inner Soul Strength

The Law of Success

How You Can Talk With God

Why God Permits Evil and How to Rise Above It

To Be Victorious in Life

Cosmic Chants

Аудио Снимци Парамаханса Јогананда

Beholding the One in All

The Great Light of God

Songs of My Heart

To Make Heaven on Earth

Removing All Sorrow and Suffering

Follow the Path of Christ, Krishna, and the Masters

Awake in the Cosmic Dream

Be a Smile Millionaire

One Life Versus Reincarnation

In the Glory of the Spirit

Self-Realization: The Inner and the Outer Path

Остала издања
SELF-REALIZATION FELLOWSHIP

The Holy Science
— **Swami Sri Yukteswar**

Only Love:
Living the Spiritual Life in a Changing World
— **Sri Daya Mata**

Finding the Joy Within You:
Personal Counsel for God-Centered Living
— **Sri Daya Mata**

Intuition:
Soul Guidance for Life's Decisions
— **Sri Daya Mata**

God Alone:
The Life and Letters of a Saint
— **Sri Gyanamata**

"Mejda"
— *The Family and the Early Life of Paramahansa Yogananda*
— **Sananda Lal Ghosh**

Self-Realization
*(часопис којег је покренуо
Парамаханса Јогананда 1925. године)*

ДВД (документарни филм)

AWAKE: The Life of Yogananda.
*Награђивани документарац о животу и раду
Парамахансе Јогананде*

www.ingramcontent.com/pod-product-compliance
Lightning Source LLC
Chambersburg PA
CBHW031426040426
42444CB00006B/704